AF312431

LE
DROIT DES ACTIONNAIRES
DU
CANAL DE SUEZ

PARIS

DUBUISSON ET Cⁱᵉ, IMPRIMEUR BREVETÉ

5, RUE COQ-HÉRON, 5

1884

Paris. — Imp. Dubuisson et Cⁱᵉ, rue Coq-Héron, 5.

LE DROIT DES ACTIONNAIRES

DU

CANAL DE SUEZ

LE
DROIT DES ACTIONNAIRES

DU

CANAL DE SUEZ

PARIS

DUBUISSON ET C⁶, IMPRIMEUR BREVETÉ

5, RUE COQ-HÉRON, 5

—

1884

LE
DROIT DES ACTIONNAIRES
DU
CANAL DE SUEZ

———◆———

De toutes les entreprises qui, depuis que le monde existe, ont contribué à faire progresser l'humanité, il en est peu qui puissent être comparées au percement de l'isthme de Suez. Cette œuvre grandiose, en supprimant l'obstacle naturel qui séparait les mers de l'Europe de celles de l'extrême Orient et de l'Asie, a diminué de 3,000 lieues, en moyenne, le trajet par mer, entre deux des plus importantes agglomérations du globe. Cet énorme raccourcissement rend infiniment plus promptes et plus faciles les relations entre les peuples des contrées ainsi rapprochées, et elle assure dans l'avenir à ces relations un développement auquel, avec l'ancienne route naturelle, elles n'auraient jamais pu prétendre.

Une nation entre toutes bénéficie de cet admirable progrès: c'est l'Angleterre. A cause de ses immenses possessions de l'Inde, qui sont comme une annexe de la mère patrie, elle profite à elle seule, plus que tout le reste du monde, des avantages de la nouvelle voie, et son commerce trouve dans l'innovation réalisée les éléments d'un splendide essor.

Une œuvre qui produit de tels résultats devrait être, ce semble, de la part du monde entier, *et surtout de la part de la nation qu'elle favorise le plus*, l'objet d'une sorte de culte, d'un saint respect, d'une admiration enthousiaste et sans limites. Ceux qui ont couru les risques de l'entreprise et qui, malgré des obstacles sans nombre, les uns résultant de la nature même de l'entreprise, les autres suscités à dessein par des adversaires puissants et acharnés, l'ont menée à bonne fin, ont bien mérité du monde entier. Une grande reconnaissance leur est due, car sans eux, sans leur audace, sans leurs courageux efforts, le monde serait encore (et Dieu sait pour combien de temps) privé de l'œuvre et de ses avantages.

Ces considérations, dont chacun comprendra l'importance, nous ont paru devoir être rappelées au début de ce travail, parce qu'elles sont susceptibles d'éclairer d'une vive lumière les questions dont nous aurons à nous occuper, et de fournir de sérieux éléments d'appréciation dans la recherche des solutions que ces questions doivent recevoir.

Ceci dit, nous abordons l'examen, au point de vue du droit et des principes, de ce qui fait l'objet essentiel de la présente étude, à

savoir : — La détermination exacte du droit
des actionnaires de la Compagnie de Suez, en
présence des prétentions émises par un certain nombre de commerçants anglais.

I. — Conditions de la concession.

C'est en 1854 qu'eut lieu le premier acte de
concession ayant pour but la création d'un canal maritime entre la Méditerranée et la mer
Rouge. Un homme d'une grande intelligence et
d'une rare énergie, M. Ferdinand de Lesseps,
mettant à profit les relations d'étroite amitié
que, grâce à ses qualités personnelles et à sa
situation de représentant de la France en
Égypte, il entretenait avec le vice-roi, parvint
à convaincre ce dernier de la possibilité d'une
mise en communication des deux mers au
moyen d'un canal maritime traversant l'isthme de Suez. Sur sa demande, le vice-roi con-
sentit à lui concéder le droit d'exécuter ce
travail, et comme l'entreprise était entière-
ment nouvelle, qu'aucune œuvre du même
genre n'avait jamais été accomplie, que par
suite elle comportait des difficultés d'exécution exceptionnelles et devait donner lieu à
des dépenses considérables, il fut tout d'a-
bord convenu que le droit concédé serait exclusif. C'est ce qui a été exprimé par ce premier paragraphe de l'acte de concession du
30 novembre 1854 : — *« Notre ami M. Ferdinand
de Lesseps, ayant appelé notre attention sur
les avantages qui résulteraient pour l'Égypte
de la jonction de la mer Méditerranée et de la
mer Rouge par une voie navigable pour les*

*grands navires, nous avons adopté les combinaisons qu'il nous a proposées et lui avons donné, par ces présentes, **pouvoir exclusif** de constituer et diriger une Compagnie universelle pour le percement de l'Isthme de Suez et l'exploitation d'un canal entre les deux mers ».* — Cette disposition a été reproduite dans le préambule du second acte de concession, en date du 5 janvier 1856.

On a essayé de faire la confusion au sujet des termes employés, en prétendant que le pouvoir exclusif accordé ne s'appliquait qu'au fait de créer et diriger une Compagnie et non à l'entreprise elle-même. Mais, franchement, est-ce que le doute peut être permis, même un seul instant? On a donné le pouvoir de constituer une Compagnie, non pour s'occuper de toutes sortes de choses indistinctement, mais pour travailler à la réalisation d'une œuvre déterminée : — *le percement de l'isthme de Suez, et l'exploitation d'un canal entre les deux mers.* — C'est là le but essentiel et final de la concession. C'est vers ce résultat que convergent nécessairement toutes les dispositions du paragraphe contenant les mots *pouvoir exclusif,* par conséquent et surtout *le pouvoir exclusif lui-même.* Toutes les parties de ce paragraphe se tiennent et ne peuvent être disjointes. Cela est si vrai que, si l'une d'elles disparaissait, le surplus de la phrase ne serait plus qu'un fragment sans portée, un assemblage de mots inintelligibles et vides de sens. Que resterait-il, en effet, si, par exemple, on supprimait le second membre de phrase *« pour le percement de l'isthme de Suez, etc.? »* Il resterait ceci : *« Notre ami M. Ferdinand de*

Lesseps ayant appelé notre attention sur le avantages, etc..., nous lui avons donné par ces présentes pouvoir exclusif de constituer et diriger une Compagnie. » Mais à quoi devrait servir cette Compagnie? Personne ne pourrait le dire.

Or, on ne peut raisonnablement soutenir que c'est là ce qu'on a voulu en faisant la concession. On a entendu faire une chose sérieuse, et non une chose ridicule. Donc, il faut nécessairement, absolument, s'en tenir à l'interprétation suivante, qui est la seule vraie, la seule rationnelle, la seule possible : — Le vice-roi, par la disposition qui nous occupe, a donné à M. de Lesseps le *pouvoir exclusif* de faire une chose (la constitution d'une Compagnie) qui devait avoir pour résultat final *la jonction de la Méditerranée et de la mer Rouge au moyen d'un canal traversant l'isthme de Suez ;* — ou en d'autres termes : — *d'opérer la jonction des deux mers avec le concours et les capitaux d'une Compagnie qu'il devait constituer.* — La Compagnie a été constituée, et le résultat final (la jonction des deux mers) a été obtenu. Les engagements pris de part et d'autre sont devenus définitifs, et nul n'y peut aujourd'hui rien changer. Ni le vice-roi, ni une Compagnie quelconque, ne peuvent faire une œuvre semblable à celle qui a été faite, tant que le délai de 99 ans assigné à la concession ne sera pas expiré. Nous défions qu'on puisse, à quelque subtilité d'argumentation qu'on ait recours, démontrer que là n'est pas la véritable solution.

Mais, d'ailleurs, est-ce que le plus simple bon sens, même en admettant une ambiguïté (qui n'existe pas) dans les expres-

*

sions employées, ne suffirait pas à faire sur
ce point la lumière la plus resplendissante et
la plus complète? Est-ce qu'il est possible
d'admettre un seul instant que l'éminent ini-
tiateur de l'entreprise, et avec lui tous les
hommes intelligents qui se sont associés à
son œuvre, aient été assez aveugles, assez in-
sensés, pour entreprendre les travaux, et mettre des fonds dans l'affaire, s'il avait été admis
que lorsque l'œuvre aurait été accomplie,
grâce à de longs et courageux efforts, et au prix
de sacrifices considérables, le gouvernement
égyptien, ou une Société nouvelle autorisée et
patronnée par lui, pourrait, en profitant de
l'étude faite par la première Compagnie et
qui ne lui aurait rien coûté, créer à côté du
canal existant un autre canal coûtant beaucoup moins cher, et ruiner ainsi à coup sûr
les actionnaires du premier canal? Est-ce
qu'il n'y a pas là, en dehors du texte même
de la concession, une preuve éclatante de
l'inanité absolue du système de nos adversaires?

Nous avons dit qu'il n'y a aucune ambiguïté dans les termes employés. Nous pou-
vons ajouter que si on veut prendre la peine
d'étudier avec soin l'ensemble des actes de
concession, on y trouvera en plusieurs en-
droits des expressions qui ne laissent elles-
mêmes aucun doute sur la volonté du vice-
roi d'exclure toute concurrence. Dans cet
ordre d'idées nous citerons, par exemple, les
passages suivants :

« *A l'expiration de la concession, le gouverne-*
» *ment égyptien sera substitué à la Compa-*
» *gnie, jouira sans réserves de tous ses droits,*

» *et entrera en possession du Canal des deux*
» *mers, etc.* » (Premier acte de concession,
art. 10).

DU CANAL DES DEUX MERS ! — Le canal à
faire est : LE CANAL DES DEUX MERS ! — *Canal
unique, car sans cela il serait l'un des canaux
reliant les deux mers.* — Et notons que cette
expression, d'une signification si forte qu'à
elle seule elle suffirait pour faire résoudre
la question dans le sens du droit exclusif de
la Compagnie de Suez, vise l'état de choses
devant exister à l'expiration de la concession, *c'est-à-dire 99 ans après l'ouverture du
canal !*

Pour le vice-roi, à cette époque lointaine.
dans 99 ans, le canal à faire doit encore être
— *Le Canal des deux mers,* — donc *le seul
canal* reliant la Méditerranée à la mer Rouge.

« *Nous déclarons solennellement, pour nous*
» *et nos successeurs, le grand Canal maritime*
» *de Suez et les ports en dépendant ouverts*
• *à toujours, etc.* • (Deuxième acte de concession, art. 11.)

LE GRAND CANAL ! —Donc on n'a en vue qu'un
*canal unique : — le Canal qui doit réformer
et compléter l'œuvre de la nature, en mettant
en communication les deux mers ;* — ce qui
exclut absolument la pensée d'un autre canal
venant faire concurrence à celui concédé.

Les expressions que nous venons de rappe-
ler, même isolées et prises en dehors de toute
autre disposition, suffiraient certainement
pour établir que la Compagnie de Suez a été
mise en possession d'un droit exclusif inter-

disant à tous autres, pendant la durée de la concession à elle faite, le pouvoir de relier les deux mers par un autre canal. Si on les rattache aux passages des actes de concession où le terme *pouvoir exclusif* a été expressément employé, passages avec lesquels elles s'accordent parfaitement, et dont elles corroborent admirablement le sens, l'ensemble devient d'une clarté saisissante et rend toute opposition sérieuse au droit de la Compagnie impossible.

Pour les raisons multiples que nous venons d'énumérer, raisons majeures, concluantes, péremptoires, dont nous défions la réfutation, nous estimons que le droit exclusif de la Compagnie est certain, indéniable, absolu.

C'est donc sur ce terrain éminemment favorable qu'il faut se placer pour résoudre les questions actuellement pendantes.

II. — La Compagnie doit-elle faire des concessions ?

De ce que la Compagnie a un droit exclusif qui constitue un véritable monopole, s'ensuit-il qu'elle ne doive jamais rien céder ou diminuer sur les droits que, d'après ses actes de concession, elle est autorisée à percevoir ?

Tel n'est pas notre avis.

Il ne faut pas oublier que ses règlements et les charges qui en résultent intéressent le monde entier. Une telle situation lui impose des devoirs. Elle doit tenir compte, dans une certaine mesure, des intérêts du commerce qui se trouvent en opposition avec les siens, et faciliter autant qu'il dépend d'elle le développement des échanges et des transactions, en modérant l'usage de son droit dans la limite où elle peut le faire sans compromettre ses propres intérêts. Cela du reste a été promis, et cela doit être tenu. En ne le faisant pas, la Compagnie courrait le risque de se faire exproprier pour cause d'utilité publique. Elle doit agir de façon à ce que l'expropriation ne devienne jamais nécessaire.

Mais dans quelle limite doit-elle se prêter à des concessions ?

La question est délicate et ne peut être résolue qu'après un examen approfondi de la situation.

Pour nous, la limite aux concessions qu'on peut attendre d'elle pourrait se résumer ainsi : *Ces concessions ne doivent, en aucun cas, être la cause directe d'une perte d'argent pour les actionnaires.*

Nous nous expliquons.

Les concessions seraient excessives et inadmissibles si elles devaient avoir pour effet de diminuer le revenu acquis au moment où elles ont lieu, et d'amoindrir la valeur en capital que les actions, en dehors de tout agiotage, ont normalement acquise.

Pour juger du *quantum* de concession possible, il faut donc rechercher quel est l'état général de l'entreprise, quels sont ses résultats moyens et généraux, quel revenu elle donne, et quelle est sa véritable valeur, au moment où la concession doit se faire.

Si, se plaçant à ce point de vue, on recherche ce que produit actuellement l'action de Suez, et ce qu'elle valait dans ces derniers temps, avant que l'agitation anglaise se produisît, on trouve comme revenu, 90 francs, et comme valeur, 2,500 francs.

On dira peut-être que ce sont de beaux chiffres pour une action qui, à l'émission, n'a nécessité qu'un versement de 500 fr., et qu'en les diminuant un peu il resterait encore un assez joli bénéfice.

Mais cela ne suffit nullement pour qu'on ait le droit de les diminuer. Ils sont, dans une mesure modeste encore, la juste rémunération des risques courus et des services rendus. Les chiffres obtenus, de plus, constituent un droit acquis. Ils appartiennent aux actionnaires au même titre que toute autre chose dont ils ont la propriété.

Parmi les actionnaires actuels, il en est un grand nombre qui ne sont entrés dans les valeurs de Suez, pour tout ou partie de leurs titres, que depuis qu'elles sont devenues productives, et qui les ont payées beaucoup plus cher que le taux de l'émission, qui ont payé leurs actions, par exemple, depuis 2,000 jusqu'à 3,000 fr. A-t-on le droit, par des concessions excessives, de diminuer le produit et la valeur de leurs actions et de leur occasionner ainsi, arbitrairement, une perte plus ou moins sérieuse ? Pas le moins du monde. Qu'on ne dise pas qu'ils pouvaient se dispenser d'acheter, qu'en achetant ils ont couru volontairement le risque de gagner ou de perdre, et qu'ils n'ont pas le droit de se plaindre en cas de perte. Cela est vrai pour les fluctuations produites par des cas de force majeure, en dehors de toute modification aux conditions faites aux actionnaires par les actes de concession, mais cela n'est pas vrai s'il s'agit d'une dépréciation causée par des amoindrissements volontairement apportés aux avantages résultant des clauses fondamentales de la concession.

Les actionnaires dont il s'agit ont acheté un droit: — le droit de toucher les revenus afférents à leurs actions, avec des chances d'augmentation probable dans l'avenir. — Ce droit, qu'ils ont acheté, est devenu leur propriété. Il n'est permis à personne d'y porter atteinte, et c'est ce qu'on ferait si, en réduisant dans des proportions excessives les droits à percevoir, on diminuait à la fois leur revenu et leur capital.

Il faut donc, pour qu'elles soient légitimes et qu'elles puissent être admises, que les diminutions qui pourront être consenties sur les droits à percevoir n'affectent ni le revenu ni la valeur vénale normalement acquis des titres de Suez, et ne soient susceptibles de diminuer que les éléments d'un accroissement jugé excessif dans l'avenir.

III. — Agissements des armateurs anglais — Attitude correcte et équitable des ministres anglais — Vote du Parlement — Projet de convention avec les armateurs.

Dans les premières pages de ce travail, nous avons énuméré les raisons qui devaient commander aux négociants anglais, et en particulier aux armateurs de cette nation, des procédés et des égards vis-à-vis de l'entreprise du canal de Suez. Malgré l'existence de ces raisons, et malgré l'évidence du droit de la Compagnie, un certain nombre d'armateurs anglais, surexcités par leur intérêt, et sans doute peu au courant de la question, ont élevé des prétentions exorbitantes, qui ne tendaient à rien moins qu'à déposséder la Compagnie. Ils parlaient de faire un second canal rival de celui existant, sans tenir compte ni des droits de la Compagnie, ni de la reconnaissance qu'ils lui doivent.

Le gouvernement de la Reine s'émut de cet état de choses, et désireux de donner satisfaction, dans ce qu'elles pouvaient avoir de légitime, aux aspirations des armateurs anglais, tout en respectant les droits préexistants, il s'aboucha avec l'honorable président-directeur de la Compagnie de Suez pour essayer d'obtenir de lui des concessions. La très louable initiative du gouvernement anglais, représenté principalement dans la circonstance par son premier ministre, l'honorable M. Gladstone, aboutit à un accord aux termes duquel les charges imposées aux armateurs se servant du canal devaient, dans un prochain avenir, être allégées d'une manière sérieuse.

Contrairement aux prévisions du gouvernement anglais, cet accord fut mal accueilli par les armateurs, qui trouvèrent les concessions insuffisantes. Une nouvelle agitation se produisit, des articles désobligeants pour la Compagnie de Suez furent publiés dans les journaux anglais, et on éleva de nouveau la prétention de faire un second canal en dehors de la Compagnie.

Sur ces entrefaites, les ministres anglais saisirent le Parlement de la question. Une longue discussion, qui occupa un grand nombre de séances et dura du 9 au 30 juillet dernier, eut lieu à ce sujet. Elle s'est terminée le 30 juillet par un vote qui a repoussé, à la majorité de 282 voix contre 183, une motion de sir North-

cote, proposant de décider que le gouvernement anglais devrait refuser de reconnaître
le droit exclusif de la Compagnie de Suez.

Au cours de la discussion, des orateurs de
l'opposition, sir Northcote entre autres, sou-
tinrent que les actes de concession ne don-
naient pas à la Compagnie le droit de s'op-
poser à l'exécution, en dehors d'elle, d'un
second canal. Mais les orateurs du gouvernement anglais, MM. Gladstone et Childers,
n'hésitèrent pas à déclarer qu'à leurs yeux le
droit exclusif de la Compagnie n'était pas
douteux. Ils ajoutèrent que les jurisconsultes
conseillers légaux de la couronne s'étaient
prononcés dans ce sens, et que cette opinion
était, en outre, celle du gouvernement égyptien et de ses conseillers.

Nous nous faisons un devoir de reconnaître
que, dans ces circonstances, les honorables
membres du cabinet anglais ont été d'une
correction absolue, et qu'ils ont fait preuve
d'un esprit de justice et d'impartialité dignes
des plus grands éloges.

C'est à la suite de ces débats au sein du
Parlement anglais que, l'agitation des armateurs se continuant, l'honorable président-
directeur de la Compagnie de Suez crut devoir se mettre en rapport avec les membres
du comité formé par eux, et qu'intervint le
projet nouveau qui a été récemment porté à
la connaissance du public.

IV — Impossibilité pratique de l'exécution d'un second canal en dehors de la Compagnie.

Dans leur polémique contre la Compagnie de Suez, les armateurs anglais coalisés et les journaux qui les soutiennent ont toujours persisté, malgré l'évidence, à nier le droit exclusif de la Compagnie. Ils ont crié pardessus les toits que ce droit n'existait pas, bien qu'ils n'aient pu trouver, à l'appui de leur thèse, d'autre raison que le chétif argument rapporté au début de ce travail, (la prétention que l'expression *droit exclusif* s'applique à la constitution d'une Compagnie seulement, et non au canal lui-même), et ils ont déclaré qu'ils feraient un second canal si la Compagnie ne se soumettait pas aux conditions qu'ils entendaient lui imposer.

Nous devons nous arrêter un instant sur cette prétention si cavalièrement émise de faire un second canal.

Pour faire ce second canal, il faudrait l'autorisation du gouvernement égyptien.

On se dit sans doute, dans le monde des armateurs anglais, que le gouvernement égyptien n'ayant rien à refuser en ce moment au gouvernement anglais, c'est ce dernier gouvernement qui, en fait, donnerait l'autorisation.

Mais les deux gouvernements, on semble l'oublier, reconnaissent le droit exclusif de la Compagnie. Avec tous les ménagements que commande leur haute situation, l'honorable premier ministre, M. Gladstone. M. Childers, chancelier de l'Echiquier, et d'autres orateurs du gouvernement anglais, l'ont dit à plusieurs reprises en plein Parlement. Ils ont ajouté que les jurisconsultes officiels des deux gouvernements s'étaient, de leur côté, formellement prononcés dans le même sens.

Cela n'a rien d'étonnant, puisque le droit est certain.

Or, est-ce que ce ne serait pas faire au gouvernement égyptien et au gouvernement anglais une sanglante injure, que de les supposer capables de se prêter à la violation d'un droit, de se rendre complices d'une spoliation ?

Le droit exclusif de la Compagnie, c'est sa propriété, et cette propriété est aussi sacrée que n'importe quelle autre.

La priver de son droit, ce serait la dépouiller. Disons-le franchement : — **Ce serait la voler !**

Ni le gouvernement égyptien, ni le gouvernement anglais, ne se prêteront jamais à un acte pareil.

N'oublions pas, d'ailleurs, que si dans de telles conditions, et contrairement à toute vraisemblance, le gouvernement égyptien laissait faire un second canal en dehors de la Compagnie, il deviendrait *ipso facto* responsable de toutes les conséquences de l'inexécution de ses engagements, et de tout le préjudice causé.

V. — Que doivent faire les actionnaires ?

L'accord intervenu (sauf ratification des actionnaires réunis en assemblée générale) entre le comité des armateurs anglais et M. de Lesseps, a pour conséquence, on le sait, — outre la réduction d'un quart du droit 'de transit pour les navires sur lest, la suppression des frais d'échouage à partir du 1er janvier 1881, et celle des frais de pilotage à partir du 1er juillet même année, — des réductions graduées du droit de transit représentant la moitié des bénéfices réalisés à partir de 18 pour cent de revenu, et la fixation d'un maximum de revenu de 25 pour cent.

Ces concessions nous paraissent dépasser les bases considérées par nous comme acceptables, d'après les observations qui précèdent.

La fixation surtout d'un maximum de bénéfices nous semble chose exorbitante. La raison se refuse à admettre qu'on puisse ainsi limiter à un maximum arbitrairement fixé l'importance des bénéfices d'une entreprise, quels que puissent être dans l'avenir, et les augmentations réalisées, et l'accroissement des services rendus par cette entreprise.

Pour nous, nous admettrions à la rigueur une nouvelle diminution du prorata revenant aux actionnaires dans les recettes, après que le chiffre de revenu indiqué comme maximum dans le projet aura été obtenu ; mais nous nous refuserons toujours à admettre que, passé ce chiffre, les actionnaires n'aient plus aucune part dans lesdites recettes.

Si une pareille mesure devait jamais être adoptée définitivement, à partir du jour où le maximum fixé serait atteint, les actionnaires n'auraient plus aucun intérêt à voir progresser l'entreprise (ni par conséquent à en favoriser le développement), ce qui serait contraire tout à la fois, et à la logique, et à l'intérêt des clients du Canal, et à tous les précédents en pareille matière.

Pour ces diverses raisons, nous estimons qu'il n'y a pas lieu de ratifier les concessions de l'accord, au moins dans leur ensemble.

Mais la question a trop d'importance et de gravité pour que nous ayons la prétention de déterminer exactement, dès à présent, la ligne de conduite que les actionnaires devront tenir lors de la prochaine assemblée générale. Nous pensons qu'une telle question vaut la peine d'être examinée longuement et avec maturité dans des réunions préalables, et que la formation d'un comité à cet effet serait une chose éminemment utile. Nous soumettons, en terminant, cette idée de la formation d'un comité aux actionnaires convaincus, comme nous le sommes nous-même, que rien ne doit être négligé dans les circonstances actuelles pour assurer la défense complète et efficace de leurs droits, et nous faisons des vœux pour que cette idée soit bien accueillie et suivie de réalisation.

L. MAGOIS,

Propriétaire à Paris, 1, rue du Général-Foy, actionnaire de la Compagnie du Canal de Suez, auteur de la brochure : *Le Tonneau de capacité d'après la loi française*, publiée en 1873.

Paris. — Imp. Dubuisson et Cᵉ, rue Coq-Héron, 5. — 6592

www.ingramcontent.com/pod-product-compliance
Ingram Content Group UK Ltd.
Pitfield, Milton Keynes, MK11 3LW, UK
UKHW021640130726
13696UKWH00005B/2324